NOTES AMOUREUSES

LAURA FRIEDMANN

Du même auteur:

En pleine lumière
Les rendez-vous de 11 heures
N'oublie pas de danser
La Casa Bella
Souris aussi...

Polyglotte, ancienne enseignante, grande amoureuse des mots, je joue avec eux depuis que je suis en âge de tenir un stylo. Les mots ont pour moi bien plus qu'une sonorité, ils ont un parfum, une couleur...
Je vis à Paris où je me consacre pleinement à l'écriture.

Le parfum

Plaisir de te retrouver,
Je t'ai longtemps cherché,
Amour d'une nuit froide d'hiver,
Amour mystère,
Tu t'es échappé le matin venu,
Je t'ai à peine entendu,
T'emmitoufler dans ton long manteau blanc,
Tu m'as dit à ce soir,
Je t'ai attendu des heures,
Mon esprit avait peur,
De ne pas sentir ton parfum à pleines narines,
Ces doux effluves qu'encore je devine,
Qui accompagnent mes pas,
Et me ramènent à toi.

Nous

Sur notre histoire tu as refermé la porte,
Je l'ai pourtant trouvée forte,
Quelques éclairs sont venus la parsemer,
Des doutes, des baisers enflammés,
Tu as vite tourné la page,
Chassé notre amour du paysage,
Que je trouvais radieux,
Écarté cette idylle du jeu,
J'ai crié au désespoir,
De voir renaître un soir,
Notre flamme,
De nos deux âmes,
Éprises,
Conquises,
Dans un bal d'émotions,
Criant à l'unisson.

L'adieu

Ce n'était pas des paroles en l'air,
Je t'ai bien vu prendre tes affaires,
Tu es parti sans dire au revoir,
Sans me susurrer à ce soir,
Ni même me regarder,
Et un baiser ?
Suspendue à tes lèvres ,
Tel un professeur admiré par son élève,
Je t'ai cherché,
J'ai tenté par mon regard de t'intimider,
Mes yeux émeraude n'y ont rien fait,
Je crois que tu me hais.

Les corps célestes

Tes mains se promènent sur mon corps,
Ce corps que je croyais mort,
Insensible aux caprices,
Pourtant réceptif aux délices,
Que tu lui prodigues allègrement,
Je ne veux plus quitter ce moment !
Ton regard plonge dans le mien,
Nos pensées font leur chemin,
Elles filent le parfait amour,
Vainquent les difficultés avec bravoure.

Reviens-moi !

Tu es parti par une nuit d'hiver,
As laissé planer la mystère,
Je n'ai pas franchement saisi,
Le mal qui t'a pris,
J'ai cherché à te retenir,
Tu as préféré fuir,
Trouvant l'avenir incertain,
Détestant ce triste chemin,
Que la vie nous montre,
Sans la moindre honte,
Oui, j'ai couru après ton odeur,
Je ne compte plus les heures,
Qui me séparent de toi,
De mon cœur tu as été élu roi.

Notes d'amour

Amour défait,
Dans l'incompréhension tu te plais,
Tu y trouves ton bonheur,
Le mal-être ne te fais pas peur,
Tu le ressens,
Tu l'entends,
Chaque note tu savoures,
Elles ne sont pour toi qu'amour,
Tu n'y renonces pas,
A cet amour-là.

La vie

Idylle morcelée,
N'as-tu rien à me proposer ?
Ne veux-tu pas refaire naître la flamme ?
Animer à nouveau nos deux âmes ?
Si brûlantes,
Aimantes,
Dévorées par la même passion,
Désireuses d'une haute attention,
Réfléchis,
L'amour, c'est la base de la vie,
Si tu l'élimines,
C'est mon cœur que tu chagrines.

Amour d'une vie

En cette nuit funeste,
Je voulais tant que tu restes,
Pour conjuguer notre amour au futur,
Sans fioritures,
Juste l'essentiel,
Des baisers au goût de miel,
Des mots d'amour murmurés,
Des caresses prodiguées,
Nos corps qui s'enlacent,
Notre histoire qui dans le temps jamais ne s'efface.

Le mystère

Je n'aime plus l'amour,
Il ne me propose que des mauvais jours,
Teintés de tristesse,
Et c'est là où le bas blesse,
J'aimerais parfois arrêter le temps,
Redevenir une enfant,
L'amour je ne m'en souciais guère,
Il était pour moi l'homme mystère,
Je veux retrouver ces années,
Perdues, enfouies, cachées,
Je n'aime plus l'amour,
Il ne me fait plus la cour.

J'ai soif

Tu affoles mon être,
Ne réduis pas mon cœur en miettes,
Laisse-moi un peu de toi,
Je t'en prie ne pars pas,
Sous cette pluie battante,
Je suis toute chancelante,
J'ai soif de ta peau,
J'ai besoin de tes mots,
Tu affoles mon cœur,
M'apportes de la chaleur,
Cette chaleur vibrante,
Presque enivrante,
Tu es mon manteau en plein hiver,
Sous le soleil ma crème solaire.

Tes émotions

Écriture délicate,
Aux mots chastes,
Ton enveloppe j'ouvre,
Tes émotions je découvre,
Sous un autre jour,
Tes lettres joliment tracées transpirent l'amour,
Que je devine,
A chaque ligne.

C'était moi

Dans la nuit encore claire,
Ignorant tous les mystères,
J'ai cru sentir ton âme,
Renaître entre les flammes,
Lentement,
Doucement,
Tu semblais apaisé,
Comme envoûté,
J'ai voulu prendre ta main,
T'emmener jusqu'à demain,
M'échapper avec toi,
Te dire que c'était moi,
Que tu attendais,
Celle qu'il te fallait,
Ne jamais te quitter,
Ave toi me laisser bercer.

Le sommeil

Tu semblais endormi,
Allongé sur le tapis,
Embarqué dans un doux rêve,
Pendue à tes lèvres,
Je devinais ce qui occupait tes pensées,
J'étais divinement charmée,
Je me suis approchée de toi,
J'ai calculé mes pas,
Je ne voulais pas te réveiller,
Un si beau sommeil venir contrarier,
Puis tu as ouvert les yeux subitement,
J'ai savouré l'instant,
De t'avoir à mes côtés,
Pour une idylle avec toi commencer.

Appelle-moi !

Tu m'as avoué ton amour à demi-mot,
Loin de moi cette tendance à la parano,
Je l'ai bien entendu,
Peut-être aussi un peu voulu,
Cet amour dont je rêve tant,
Que chaque matin je souhaite fébrilement,
Un appel de toi,
Entendre le son de ta voix,
Enrouée,
Ou bien enjouée,
Cela m'est égal,
Te parler n'est que pur régal,
Tu m'as avoué ton amour à demi-mot,
Appelle-moi aussitôt !

Le parapluie

Tu m'as quittée un soir de forte pluie,
Notre amour tu as détruit,
Envie passagère ?
Folie meurtrière ?
C'était une soirée glaciale,
Cela a quelque chose d'assez illégal,
Tu es parti sans mot dire,
Te maudire tu n'as pu m'interdire,
Mon âme est chagrinée,
Je me crois ensorcelée,
Ne reviens pas,
Marie-toi avec ta bouteille de vodka,
Tu m'as quittée un soir de forte pluie,
Je n'avais même pas de parapluie.

Aime-moi

Approche-toi de moi,
Effleure-moi,
Je veux sentir ton parfum,
Le moment me semble opportun,
Pour une aventure,
Rien n'est plus sûr,
Au pays des délices,
Respirer ces tendres épices,
Approche-toi de moi,
Mon cœur est en émoi,
J'ai besoin de ta chaleur,
Ne prends pas cet air accusateur,
Tu ressens la même chose,
Il faut que tu oses,
T'approcher,
Me caresser,
De ta main délicate,
Je suis ta candidate.

Notre victoire

Notre amour ne connaît pas la trêve,
Loin semble la grève,
Lorsque je me retourne sur notre histoire,
J'y vois une victoire,
Les amours déçus,
Je les ai connus,
Notre conte de fée est incomparable,
Rien de semblable,
Notre amour ne connaît pas la trêve,
J'ai même cru vivre un doux rêve,
Je ne veux jamais me réveiller,
Pour ne pas la déception un jour embrasser.

Nos sentiments

La passion des premiers jours,
Semble s'être enfuie sans détour,
Cet amour ravageur,
Les sentiments voyageurs,
Ont fini leur séjour,
C'est l'heure du retour,
De la prise de conscience,
Tout ceci n'était que pure inconscience,
J'ai savouré la beauté de notre idylle,
Mais il a fallu qu'un beau matin elle file.

Le temps enfoui

Puisqu'il en est ainsi,
Puisqu' ailleurs tu dois faire ta vie,
Alors je te laisse partir,
J'enferme avec moi ton beau souvenir,
Je tiens entre mes mains cette photo de toi,
Où le charme extrême tu tutoies,
Je repense alors à ce temps à présent enfoui,
Qui n'a pas su survivre aux conflits,
Que notre histoire a connus,
Et qu'elle a mal résolus.
Puisqu'il en est ainsi,
Nous n'irons pas à la mairie.

Le cœur pur

Tu as susurré ces mots,
J'ai eu comme un sursaut,
Je ne te connaissais pas ces sentiments,
J'avais certes eu quelques pressentiments,
Quant à l'existence d'un cœur pur,
De ceux que l'on voit en littérature,
Je ne saurais d'écrire l'effet ressenti,
Mon cœur a comme ralenti,
Soudainement,
Superbement,
J'étais sur un nuage,
La passion n'a pas d'âge.

L'amour éternel

Amour éternel,
Qui chaque matin se renouvelle,
Tu me déshabilles du regard,
Me contes tous les jours une nouvelle histoire,
Chez nous la routine n'existe pas,
Tel est mon constat,
Tu t'imposes telle une évidence,
Tu n'aimes pas en silence,
Tu m'enveloppes de tout ton être,
Il ne faudrait pas que tu viennes à disparaître,
Notre amour est éternel,
Il nous suivra jusqu'au ciel.

La plage

Histoire passionnée,
Flirt estival enflammé,
Sur une plage espagnole,
Un bref échange de paroles,
Puis une chaude nuit,
Des baisers ont suivi,
Le soleil plongeait dans la mer,
Sous un ciel lunaire,
Un gros rocher,
Témoin de nos mots écorchés,
Les nuages presque inconscients,
Nous observaient menaçants,
Nous n'en faisions cas,
Nous poursuivions nos pas,
Sur la plage déserte,
Que la nature nous a offerte.

L'ivresse

Tu me murmures à l'oreille,
Mille et une merveilles,
Tes mots précieux riment avec passion,
Je touche dangereusement à l'exaltation,
L'ivresse des premiers instants,
Ce bonheur étincelant,
M'accompagne à chacun de mes pas,
Je crois partout que tu es là,
Tes paroles sont des remèdes,
Mes pensées à chaque seconde tu possèdes.

L'inconnu

Pieds nus,
Illustre inconnu,
Dans le salon,
Marchait à tâtons,
Démarche peu assurée,
Chevelure légèrement contrariée,
J'ai aimé cette silhouette,
A la beauté plus que discrète,
Convaincue qu'une histoire pouvait se dessiner,
Je me suis doucement approchée,
J'ai tendu mes lèvres,
Je devais lui sembler bien mièvre,
Mais il a rapidement tendu les siennes,
Avec mon cœur de collégienne,
J'ai senti ma poitrine battre fort,
Que j'aurais eu tort,
De refuser,
Cet intense baiser.

L'ombre

Dans la nuit noire j'ai vu une ombre,
Aussitôt attirée par ce regard sombre,
Loin d'être intimidée,
Je me suis approchée,
Ses yeux lui donnaient un air triste,
Sa dentition n'avait pas souvent vu le dentiste,
Il flirtait méchamment avec la paresse,
Ses gestes semblaient emplis d'indélicatesse,
Et pourtant,
Je me suis surprise à éprouver un sentiment,
Tutoyant la passion,
Il se profilait sérieusement à l'horizon,
Sensation jamais embrassée,
Ni même à demi pensée,
L'ombre s'est enfuie,
Dans un souffle s'est échappée de la vie.

L'ouragan

Sous un soleil éclatant,
J'ai cru voir se déclencher un ouragan,
Ton regard furieux,
Sous tes gros yeux,
Lorsque je t'ai avoué ma tromperie,
Non, ce n'était pas une plaisanterie,
J'ai réellement commis une faute,
Je suis partie une chaude nuit d'été avec un autre,
Chercher ce que je ne trouvais pas,
Réclamer la chaleur de ses bras,
Tu m'as regardée,
Comme une envie de me gifler,
Tu t'es retenu,
Oui, il l'a bien fallu,
Sous un soleil éclatant,
Sont revenus nos souvenirs d'antan.

La flamme

La pluie te chagrine,
Éloigne tes pensées coquines,
Ton regard appelle pourtant au désir,
Quand je le vois je pousse un soupir,
Mélange de tendresse et de douceur,
J'attends sans cesse l'heure,
Où tu me dévêtiras,
De mon corps tu t'empareras,
Rapidement le fera gémir,
Sous tes doigts le fera frémir,
Mes pensées pour toi se subliment,
Mon regard devant toi s'illumine,
Tu abrites mon âme,
N'éteins jamais la flamme.

FIN